सरपंच बनने की राजनीति और पैसे कमाने के तरीके

सरपंच का चुनाव कैसे जीते

चेतनसिंह

ISBN 978-1-63886-038-9

इस पुस्तक को कुछ सरपंचों के राजनीति अनुभव के अनुसार लिखा
गया है, जो अभी मौजूदा सरपंच पद पर है

क्रम-सूची

1

सरपंच बनने की राजनीति और पैसे कमाने के तरीके
Chetan Singh
NOTION PRESS

NOTION PRESS

Contents

इसमें तीन बिंदुओं पर लिखा गया है-

पहला बिंदु -नया व्यक्ति जो राजनीति करने में एकदम अनजान है और जो पहली बार चुनाव लड़ना चाहता है,

दूसरा बिंदु -वह व्यक्ति जो सरपंच से जुड़ी कुछ राजनीति जानता हो और किसी सरपंच के साथ एक कार्यकर्ता, साथी या अन्य तरह से किसी सरपंच के नजदीक रहकर राजनीति सीखी हो, या फिर सरपंच चुनाव मे खड़ा हुआ हो और उसको अपनी हार से अनुभव हुआ हो आदि,

Introduction

इस पुस्तक को कुछ सरपंचों के राजनीति अनुभव के अनुसार लिखा गया है, जो अभी मौजूदा सरपंच पद पर है और जो सरपंच बनना और राजनीति में आना चाहते हैं उनके लिए यह पुस्तक है, इस पुस्तक में आपको सरपंच बनने की अचूक राजनीति सीखने को मिलेगी, जनता को पहचानना और उसके अनुसार बाते करना और साथ ही सरपंच बनने के बाद कैसे आय होती है उसकी सभी जानकारी आप इस पुस्तक में पढ़ेंगे, यह पुस्तक राजनीति में अपना भविष्य बनाने वालो के लिए है, इसमें कैसे एक आम इंसान राजनीति में आ सकता है और राजनीति का फायदा ले सकता है आदि जानकारी इसमें दी गई है,

1. सरपंच बनने की राजनीति

इसमें तीन बिंदुओं पर लिखा गया है-

पहला बिंदु -नया व्यक्ति जो राजनीति करने में एकदम अनजान है और जो पहली बार चुनाव लड़ना चाहता है,

दूसरा बिंदु -वह व्यक्ति जो सरपंच से जुड़ी कुछ राजनीति जानता हो और किसी सरपंच के साथ एक कार्यकर्ता, साथी या अन्य तरह से किसी सरपंच के नजदीक रहकर राजनीति सीखी हो, या फिर सरपंच चुनाव मे खड़ा हुआ हो और उसको अपनी हार से अनुभव हुआ हो आदि,

तीसरा बिंदु -इसमें राजनीति में उतरने वाला नया व्यक्ति और राजनीति से जुड़ा हुआ व्यक्ति ऐसा क्या करे जिससे जनता का दिल आसानी से जीत कर अपना वोट बैंक बनाया जाए और जनता आपको ही वोट दे,

2. सरपंच पद पर कार्य करने और पैसे कमाने के तरीके

इस पुस्तक को कुछ सरपंचों के राजनीति अनुभव के अनुसार लिखा गया है, जो अभी मौजूदा सरपंच पद पर है और जो सरपंच बनना और राजनीति में आना चाहते हैं उनके लिए यह पुस्तक है,

इस पुस्तक में आपको सरपंच बनने की अचूक राजनीति सीखने को मिलेगी, जनता को पहचानना और उसके अनुसार बाते करना और साथ ही सरपंच बनने के बाद कैसे आय होती है उसकी सभी जानकारी आप इस पुस्तक में पढ़ेंगे, यह पुस्तक राजनीति में अपना भविष्य बनाने वालो के लिए है, इसमें कैसे एक आम इंसान राजनीति में आ सकता है और राजनीति का फायदा ले सकता है आदि जानकारी इसमें दी गई है,

1. सरपंच बनने की राजनीति -

इसमें तीन बिंदुओं पर लिखा गया है-

पहला बिंदु -नया व्यक्ति जो राजनीति करने से एकदम अनजान है और जो पहली बार चुनाव लड़ना चाहता है,

दूसरा बिंदु -वह व्यक्ति जो सरपंच से जुड़ी कुछ राजनीति जानता हो और किसी सरपंच के साथ एक कार्यकर्ता, साथी या अन्य तरह से किसी सरपंच के नजदीक रहकर राजनीति सीखी हो, या फिर सरपंच चुनाव मे खड़ा हुआ हो और उसको अपनी हार से अनुभव हुआ हो आदि,

तीसरा बिंदु -इसमें राजनीति में उतरने वाला नया व्यक्ति और राजनीति से जुड़ा व्यक्ति क्या करे जिससे जनता का दिल आसानी से जीत कर वोट बैंक बनाया जाए और जनता उसे ही वोट दे,

पहला बिंदु -नया व्यक्ति जो राजनीति करने से एकदम अनजान है और जो पहली बार चुनाव लड़ना चाहता है वह ध्यान रखे आपकी अगर गांव में अच्छी पहचान हो और अपने गांव में काफी लोगों की मदद की हो या फिर आप पैसे वाले और किसी सरकारी पद से रिटायर हुए हो या घर में कोई बड़े पद या सरकारी पद पर है, अन्य भाषा में कहें तो आपका अपना एक अलग व्यक्तित्व हो जिसमें अच्छा घर, गाड़ी और रहने का अलग तौर तरीका है तो आप सरपंच पद पर चुनाव लड़ सकते है बिना राजनीति सीखे, मगर कुछ बातों को ध्यान रखना जरूरी है,

यहां नए सरपंच उम्मीदवार व्यक्ति को यह ध्यान रखना है कि सरपंच चुनाव से कुछ महीने पहले गांव में उठना बैठना करे लोगों के बीच ओर सरपंच चुनाव में खड़े होने की बात करें जनता के बीच, जिससे आपका नाम लंबे समय तक सरपंच उम्मीदवार के तौर पर जनता के

बीच विषय बना रहे, जिसे चाय पर चर्चा करना कहते है, याद रखे पैसा कम से कम खर्च करें और चुनाव समय के लिए बचा कर रखे, नया व्यक्ति पहले सरपंच चुनाव का एक बजट तय करें और इसमें कितना पैसा खर्च करना है वह निश्चित कर ले, तय बजट से बाहर पैसा खर्च नहीं करें और साथ ही अगर आपको चुनाव समय में अपनी हार और जीत दिखती है तो बजट स्तर को उसके अनुसार थोड़ा बहुत ही ऊपर नीचे करे, अन्यथा आपका और परिवार का भविष्य खतरे में पड़ सकता है आर्थिक स्थिति के अनुसार,

नया उम्मीदवार व्यक्ति और क्या क्या करे? उसके लिए यह पुस्तक के सभी बिंदु ध्यान से पढ़ कर निष्कर्ष निकाले और राजनीति में अपना भविष्य बनाए,

दूसरा बिंदु -वह व्यक्ति जो सरपंच से जुड़ी कुछ राजनीति जानता हो और सरपंच के साथ एक कार्यकर्ता, साथी या अन्य तरह से किसी सरपंच के नजदीक रहकर राजनीति सीखी हो, या फिर सरपंच चुनाव में खड़ा हुआ हो और उसको अपनी हार से अनुभव हुआ हो आदि

इसमें दो तरह के राजनीति से जुड़े व्यक्ति होते है :

1. वह व्यक्ति जो पहले पुराने सरपंच के साथ थे
2. वह व्यक्ति जिसकी पहले सरपंच चुनाव में हार हुई हो

वह व्यक्ति जो पहले पुराने सरपंच के साथ थे :

ऐसे राजनीति से जुड़े सरपंच उम्मीदवार को सब पता होता है कि कैसे जनता को अपनी बातों में लेकर उनसे वोट लेना है, मगर यहां वह भूल जाते है की उन्होंने पहले किसी ओर सरपंच के लिए वोट मांगे थे, जब वह कार्यकर्ता या पुराने सरपंच के साथी आदि थे, अब आपके सामने वही पुराना सरपंच भी है तो कैसे जनता को समझाए ?

यहां आपको पुराने सरपंच की कमियों का पता करना होगा और साथ ही पुराने सरपंच की किस किस व्यक्ति से नहीं बनती या उसने किस किस व्यक्ति के काम में बाधा डाली? किस व्यक्ति का काम नहीं किया? आदि जानकारी लेकर व्यक्तियों का नाम एक जगह लिख ले और ऐसे

व्यक्तियों से जल्द से जल्द संपर्क करें, उनको कैसे अपनी बातों में लेना है वह आप तीसरे बिंदु में पढ़ेंगे,

वह व्यक्ति जिसकी पहले सरपंच चुनाव में हार हुई हो :

अब ऐसे सरपंच जो पहले चुनाव में हार चुके है और फिर से चुनाव में खड़े हो रहे है तो जनता के मन में हारा हुआ व्यक्ति ही बोला जाएगा और जनता उसे इतना भाव नहीं देती क्योंकि हारने से आपकी छवि खराब हो जाती है और आपके पुराने वोट के अनुसार आपको देखा जाता है जनता द्वारा, अगर पिछले चुनाव में आपको अच्छे वोट मिले थे और आपने मौजूदा सरपंच या उस समय आपके सामने खड़े सरपंच उम्मीदवारों में अच्छी टक्कर दी हो तो आपको अपने वोट बैंक बढ़ाने में मदद मिल सकती है,

यहां आपको कैसे अपनी छवि बनानी है इसके लिए पुराने समय के अनुसार और मौजूदा नए समय के अनुसार योजना बनानी होगी, हर कोई व्यक्ति अपने पुराने बुरे समय में कुछ ना कुछ सीखता है,

आपको भी अपने वोटर और दूसरे उम्मीदवार के वोटर का अहसास हुआ होगा, किसने आपको वोट दिया और किसने नहीं यह आपको अच्छे से जानने को मिला होगा, अगर आपने अपनी हार का विश्लेषण किया है तो,

यहां अब आपको किस वार्ड नंबर से या क्षेत्र से कितने वोट मिले थे पुराने समय में, जब आप सरपंच पद पर खड़े हुए थे, उसका एक आंकड़ा बनाना होगा, व्यक्तियों के नाम लिख कर चिन्हित करना होगा की पिछले समय में आपको किसने वोट दिया होगा और किसने नहीं दिया, अब उसके अनुसार आपको वोट नहीं देने वाले लोगों का दिल जितना होगा और साथ ही जिन्होंने आपको वोट दिया उनके भी दिल जीतकर वोट लेने होंगे,

पुराने समय में जब आप खड़े हुए होंगे तो एहसास हुआ होगा की कितना पैसा चुनाव में लगता है तो उसके अनुरूप ही बजट तय कर मौजूदा चुनाव में उतरे, यह बजट आप अपनी हार जीत के अनुसार ही थोड़ा बहुत ऊपर नीचे करे, गांव की जनता अधिकतर प्यार, व्यवहार और लालच से मानती है, तो जनता के दिल को जीतने की कोशिश करें

आगे बताए गए तीसरे बिंदु के अनुसार,

तीसरा बिंदु -राजनीति में उतरने वाला नया व्यक्ति और राजनीति से जुड़ा हुआ व्यक्ति ऐसा क्या करे जिससे जनता का दिल आसानी से जीत कर वोट बैंक बनाया जाए और जनता आपको ही वोट दे,

सबसे पहले जनता क्या है और आपके गांव में कितने तरह की जनता है उसका पता करना होगा, यह आप कैसे करेंगे उसकी जानकारी यहां पढ़ने को मिलेगी, यह बिंदु ध्यान से पढ़े और समझने का प्रयत्न करे,

पहले बात करते है जनता क्या है?

मेरी नजर में जनताएक व्यक्तियों, इंसानों का समूह है जिसमें अलग अलग सोच विचार वाले, अलग अलग जाति, अलग अलग धर्म, अलग अलग काम, अलग अलग तरह का रहन सहन और व्यक्तित्व वाले लोग रहते है, यह सब जहा रहते है उसे गांव कहा जाता है और गांव की यह जनता अपना एक सरपंच मुखिया चुनती है जो सरकारी योजनाओं को जनता के पास लेकर आए और गांव के नागरिकों का और गांव का विकास करे,

अब सरपंच उम्मीदवार केसे इस जनता से वोट ले उसके बारे में बात करते है, सबसे पहले सरपंच उम्मीदवार को अपने गांव में रहने वाली सभी जनता को जाति, धर्म, सोच विचार, व्यक्तित्व और उनके कार्य करने के अनुसार देखना होगा और उसके अनुसार आगे की योजना, रणनीति बनानी होगी, भारत में राजनीति करने के लिए जनता को अलग अलग नजर से देखना जरूरी है, क्योंकि हमारे यहां भारत में राजनीति पहले से जाति, धर्म और व्यक्तियों की सोच के अनुसार चलती आ रही है,

अब सरपंच उम्मीदवार पहले जाति के अनुसार पता करे की उसमें आपको कितने वोट मिलेंगे? जिसमे आपकी अपनी जाति के लोग और दूसरी जाति के लोगों का वोट कितना मिलेगा यह पता कर आंकड़ा लिख ले, उसके बाद गांव में धर्म के अनुसार मिलने वाले वोट के आंकड़ों को लिखे, वैसे धर्म के अनुसार सरपंच चुनाव पर इतना असर नहीं होता है लेकिन अगर आपके गांव में कोई उम्मीदवार किसी एक धर्म पर

राजनीति करता है तो आपको आसानी रहेगी इसका जवाब देने में, दूसरे धर्मों को साथ लेकर,

आपको अपने गांव में ही दुकान, मजदूरी या अन्य कोई काम करने वाले व्यक्तियों की सूची बनानी है और उसके अनुसार उनसे बात करनी है, जैसे किराए पर दुकान चलाने वाले दुकानदार को आप सरकार द्वारा मिलने वाली पंचायत दुकान का लालच दे सकते है या आप अपने चुनाव प्रचार में उससे ही वस्तु, सामान आदि खरीदने जैसी बातें कर उसका दिल जीत सकते है, आप दुकानदार को सरपंच बनने के बाद वहां से जरूरत की वस्तुएं या उसको कोई मदद जिसकी उसे जरूरत है वो देने का वादा कर उसका वोट ले सकते है,

याद रखे जहां जनता का ज्यादा आना जाना लगा होता हैउस व्यक्ति को अपना बनाने में ज्यादा समय दे, जैसे गांव का दुकानदार, टैक्सी और ऑटो चलाने वाला ड्राइवर, बाल काटने वाला नाई, चाय वाला, लाड़ी और ठेले वाला, शराब का ठेका है गांव में तो उसका ठेकेदार, कच्ची शराब को बेचने वाले व्यक्ति, मकान बनाने वाले कारीगर, गांव के डॉक्टर, अध्यापक, पोस्टमैन (सरकारी कर्मचारी बाहर आपका खुला समर्थन नही कर सकते लेकिन उनको अपनी तरफ लेने से फायदा मिलता है अप्रत्यक्ष रूप से) लकड़ी काटने वाले व्यक्ति, लोहार (जो लौह पिघलाने का काम करते है), आटा चक्की चलाने वाला व्यक्ति, सिलाई करने वाले व्यक्ति या महिला आदि ऐसे अनेक लोग है जहां जनता का आना जाना लगा रहता है, आप उनके मोबाइल नंबर लेकर रखे और समय समय पर आपके प्रचार और गांव की राजनीति का पूछते रहे, यकीनन आप अगर ऐसे जनता के आने जाने वाले मुख्य केंद्र को पकड़ लेते है तो उससे आपको अपना प्रचार कम समय में करने और विश्वास के साथ वोट मिलने की संभावना है,

गांव के मनरेगा (नरेगा)जहां मजदूरी करके गांव के लोग पैसा कमाते है और अपना जीवन जीते है, ऐसे लोगो की एक सूची बनाइए गांव की महिला और पुरुष के अनुसार, उसके बाद उनको लालच दे की सरपंच बनने पर उनका नाम पहले लिखा जाएगा और कोई भी सरकारी योजना आती है जैसे मकान, शौचालय, जमीन की (रजिस्ट्री) जमाबंदी करना,

खेती पर लोन आदि दिलाने में सबसे पहले उनकी मदद की जाएगी,

याद रखे आपको एक दो बार गांव के हर घर में जाकर वोट मांगना है और उसके अलावा हर मुख्य व्यक्ति से अलग अलग या एक एक परिवार के अनुसार सूची बनाकर पहले उनको सूचना दे की आप रात के समय में उनके घर आने वाले है और आप किसी को बताना नही और वहां जाकर उनकी समस्या सुने और उनका समाधान निकालने का वादा करो, उसके बाद उनकी जरूरत के अनुसार अपनी बातों में लेकर अपने लिए वोट मांगे, आप जिस किसी के घर जा रहे है वोट मांगने रात्रि में, उसके अलावा किसी और को पता नही चलना चाहिए की आप उसके घर गए वोट मांगने, यह बात सामने वाले को भी बोल दे जिससे वह यह समझेगा की वह खास आदमी है इसलिए रात में मिलने आए आप, वैसे व्यक्ति के व्यवहार और आपके दिल, दिमाग के अनुसार तय करे की रात्रि में किसके घर जाना है और किसके नही, सभी के घर जाना आपके ऊपर है लेकिन इसका फायदा दुगुना रहता है सरपंच उम्मीदवार को, रात में जाए तब शराब पीने वालों के लिए शराब और मिठाई, गुड़ आदि लेकर जाए सामने वाले व्यक्ति के अनुसार, जहां कुछ नही चलता वहा जबरदस्ती नहीं करे, अन्यथा नुकसान हो सकता है,

शराब, पैसा आदि देकर वोट लेना गैरकानूनी है इसलिए आप स्वयं जिम्मेदार होंगे किसी तरह की कानूनी प्रक्रिया को तोड़ने पर, यह पुस्तक केवल आपको राजनीति के अच्छे और बुरे पहलू से अवगत कराने के लिए है,

ऐसे आप हर व्यक्ति की समस्या सुनकर या उनको सरकार की योजनाओं का लालच देकर जूठी दिलासा या जूठा वादा भी करते है तो आपको वोट मिल जायेंगे, याद रखे जहां जनता का ज्यादा आना जाना हो वहा पहले पकड़ बनाए,

गांव के मुख्य बाजार मेंएक दो सभाएं कराए और अपने कुछ कार्यकर्ताओं को तैयार करके रखे ऐसी सभाओं में बोलने और भाषण देने के लिए, आजकल युवा लडको का चुनाव में अधिक लगाव होता है इसलिए उनको अपनी तरफ करने के लिए उनको भी कोई लालच दे, जैसे खेलकूद संबंधी सामान क्रिकेट, वॉलीबॉल, फुटबॉल आदि दिलाना,

नवयुवक युवा लड़के आज के समय में ग्रुप बना लेते है तो उनको सरपंच बनने के बाद कानूनी मदद देना या अन्य मदद देने का भरोसा देना होगा जिससे नवयुवक लड़के प्रचार करेंगे खुलकर और उससे काफी फायदा होगा गांव में रैली करने में और अपनी भीड़ दिखाने में, याद रखे गांव की आधी से ज्यादा जनता चुनावी लहर, रैली, भीड़ और जनता का झुकाव देखकर चलती है इसलिए इन नवयुवकों का साथ लेना आपको काफी मदद करेगा,

गांव में अधिकतर लोगों कोआवास योजना से घर देने, बिजली नहीं हैं तो बिजली देने, पानी का नल लगाने, शौचालय बनाने, घर के पास पक्की सड़क, पानी निकलने के लिए नाला और घर या आस पास में सरकारी सूर्य लाइट या बिजली की व्यवस्था आदि देना, यह सब सुविधा देने का बोल कर जनता से वोट ले सकते है, कानूनी कार्रवाई में साथ देने का कहकर भी आप वोटर का दिल जीत सकते है,

याद रखे आपको चुनाव समय में किसी से कोई बैर नहीं रखनी है और सभी से वोट मांगना है, अपने दिल, दिमाग से पहले ही तय नहीं करें कि वह किसी अन्य उम्मीदवार का वोटर है, सभी को एक समान और एक सोच से लेकर वोट मांगने है, अगर सामने वाला व्यक्ति आपको अपना वोटर नही लगता है तो उसे पूछे की कोई गलती हुई है क्या मुझसे? जो दूसरा सरपंच उम्मीदवार देगा आपको उससे ज्यादा में तुमारा साथ और फायदा दूंगा, एक बार साथ देकर देखो, ऐसे प्यार से सभी का दिल जितना है, ऐसे वोटर जो आपको लगे दूसरे उम्मीदवार की तरफ हैं या दूसरी तरफ जा सकते है उनको अपना मोबाइल नंबर दे दे और आप भी उनका मोबाइल नंबर ले ले, उसके बाद बीच बीच में कभी बात करें हाल चाल पूछे, व्हाट्स ऐप आदि चलाते है तो उनको अपने ब्रॉडकास्ट ग्रुप में जोड़े और मैसेज आदि करे, याद रखे व्हाट्सएप ग्रुप नही बनाए, केवल ब्रॉडकास्ट मैसेज ही भेजे, अन्यथा आपको अपने वोटर खोने पड़ सकते है, चुनाव में ज्यादातर वोटर और जनता किसी दूसरे सरपंच की नजरों में नही आना चाहती इसलिए गुप्त तरह से जुड़े रहे अपने वोटरों से, इस डिजिटल समय में डिजिटल रहना जरूरी है और आने वाली पीढ़ी पढ़े लिखे सरपंच ही पसंद कर रही है और बदलाव देखना चाहती है अपने

गांव में, इसलिए डिजिटल इंटरनेट दुनिया से जुड़े रहे,

आप गांव वालो की पहचान वालो, रिश्तेदार, दोस्तों से कुछ महीने पहले फेसबुक, इंस्टाग्राम आदि पर जुड़ जाए और उनसे बाते करना शुरू करे, गुड मॉर्निंग, गुड नाईट और हाल चाल संबंधी बाते करे, याद रखे यह सब चुनाव से बहोत पहले कुछ महीनो में चालू करना है और चुनाव वाले महीने में सभी से अपने लिए वोट मांगने है जो आपके गांव में रहते है उनको इस तरह से गुमाकर आप अपना वोटर बना सकते है, ऐसे वोटर आसानी से टूटते नही है और यह आपके खास वोटर बन जायेंगे,

किसी भी चुनाव को जितने के लिएएक्टिव कार्यकर्ताहोने बहोत जरूरी है इसलिए ऐसे कार्यकर्ताओं की एक सूची बनाए जो जनता और गांव में आपको खुला समर्थन देते हो और आपका प्रचार करे, दूसरी एक सूची बनाए जो गुप्त तरीके से आपका प्रचार करते हो, ऐसे दोनो तरह के कार्यकर्ताओं से हर दिन की जानकारी लेते रहे, उनको कैसे प्रचार करना है आदि समझाते रहे, याद रखे कार्यकर्ताओं के खाने पीने, आने जाने में गाड़ी आदि की व्यवस्था अच्छे से करे अन्यथा वह आपका साथ छोड़ सकते है, जितना हो अच्छे से अच्छे कार्यकर्ताओं को जोड़े, यह सब पहचान करना आपको आना चाहिए,

अब आपको मुख्य बात यह ध्यान देनी है की जिस दिन चुनाव होता है उस दिन से एक दिन पहले या दो दिन पहले अपने सभी कार्यकर्ताओं को जनता के पास भेजना है और जिस वोटर को जो चाहिए वो आखिरी रात के दिन देना है, आखिरी समय में जो वोटर को दिया जाता है वही याद रहता है, याद रखे सभी को नही देना है, जहा आपको लगता है की यह वोटर दूसरी तरफ जा सकता है उसी को पैसे,शराब, मिठाई आदि दे, इसके लिए नाम की सूची पहले से तैयार रखे जिनको आखिरी रात में कुछ देना है,

चुनाव के दिनअपने कार्यकर्ताओं को अपने अपने क्षेत्र के अनुसार बिठाना है और उस दिन सबसे अधिक मेहनत करने का कहना है, कार्यकर्ताओं के खाने और पानी आदि की व्यवस्था भी आपको ध्यान रखनी है,

याद रखे कार्यकर्ताओं को पोलिंग बूथ पर बिठाने के साथ साथ जो कार्यकर्ता आपके साथ खुला प्रचार करते है उनको चुनाव देने वाली जगह पर सिर्फ गुमने के लिए छोड़ना है और वह दूसरे उम्मीदवारों के फर्जी वोटर का भी ध्यान रखे ऐसे तैयार रहने का बोलना है, जिससे जनता को पता चले कि आपकी लहर है और हर तरफ आपके ही कार्यकर्ता दिखने से जनता को लगने लगता है की आपकी ही जीत होगी, इससे जनता का मूड बदलने लगता है और कुछ वोट आपके खाते में आ जाएंगे और इससे आपके जितने के ज्यादा आसार है,

चुनाव समय में गांव से बाहर रहने वाले लोगों से संपर्क करे, जो गांव से बाहर जॉब, व्यवसाय आदि करते है, उनके आने जाने का किराया दे अगर वह वोटर आपका हो, आप पहले अपने गुप्त कार्यकताओं से पता करे उसके बाद ही ऐसे बाहर रहने वाले लोगों का किराया आदि दे, याद रखे ऐसे लोगों को सूची पहले से बनाकर रखे और एक दिन पहले गांव आने का कहे, जिससे आपको आखिरी समय में समस्या नही हो लाने और ले जाने में, वोटरों और जनता को चुनाव स्थान तक लाने में गाड़ी की व्यवस्था भी एक अहम भूमिका निभाती है इसलिए इसकी पहले से सही व्यवस्था करे, जहां तक हो तो गांव की जनता को आप चुनाव से पहले प्रचार समय में कह दे कि गाड़ी की व्यवस्था रहेगी आप उसमे ही आए, लेकिन उस दिन गाड़ी लाने और ले जाने में ज्यादा व्यस्थ रहेगी तो आपको किसी भी उम्मीदवार की गाड़ी मिले तो उसमे भी आ जाना वोट देने, और चुनाव चिन्ह याद रखना, आपको घर वापस अपनी गाड़ी में भेज देंगे, ऐसा कहने का आपको बहोत फायदा होगा क्योंकि कुछ वोटर अपने पसंद के उम्मीदवार की गाड़ी नही मिलने से नाराज हो जाता है और दूसरे उम्मीदवार को वोट दे देता है, इसलिए ऐसी छोटी छोटी बाते है जिनसे आप अपना वोट बैंक बना सकते है,

आपको सरपंच पद पर खड़े होने के साथ साथ आपके गांव में खड़े होने वाले वार्ड पंच लोगों का भी ध्यान रखना है, वो इसलिए क्योंकि आप सरपंच बन भी गए और वार्ड पंच किसी दूसरे उम्मीदवारो के साथ या उनके कहे अनुसार चलते है तो आपके खिलाफ अविस्वास प्रस्ताव लाकर आपको कुछ महीने बाद हटा सकते है, इसलिए गुप्त तरीके से वार्ड

पंच पद पर खड़े होने वाले उम्मीदवारों को भी अपना बनाकर रखे, उनको भी कोई लालच देकर रखे, वैसे तो इतना आसान नहीं होता अविस्वास प्रस्ताव लाना क्युकी छः महीने जैसे कुछ महीने तक कोई अविस्वास प्रस्ताव नही ला सकता सरपंच बनने के बाद, उसके बाद ही यह प्रस्ताव ला सकते है विपक्षी लोग, लेकिन कब क्या हो जाए कह नही सकते इसलिए राजनीति के अनुसार अपने पसंद के वार्ड पंच को उतरने का कहे या उतारे, याद रखे अगर आपको कोई वार्ड का वार्ड पंच विपक्षी पक्ष का लगे तभी ऐसा करे, यह सब गुप्त होना चाहिए नही तो आपके उस वार्ड में वोट टूटने की संभावना रहेगी,

यहां मेने आपको अधिकतर बाते बता दी है जो महत्वपूर्ण है, ऐसे बाते करे तो बहोत है जिनका ध्यान रखना चाहिए, पर कुछ आपके अपने भी अनुभव होंगे जिनसे आप भी सरपंच चुनाव में आजमाकर चुनाव में जीत हासिल कर सकते है,

अब बात करते है सरपंच बनने के बाद सरपंच पद पर काम करने और पैसे कमाने के तरीके –

अगर आप सरपंच है या अभी ही नए सरपंच बने है तो सरपंच पद पर कैसे कार्य करे और पैसे कैसे कमाए जाए उसकी जानकारी यहा पढ़ने को मिलेगी, वैसे यह करना गैर कानूनी है इसलिए अपनी स्वयं कि जिमेदारी पर यह करे, लेखक इसके लिए जिमेदार नही है, यह राजनीति के हर पहलू से आपको अवगत कराने के उद्देस्य से लिखी गई पुस्तक है,

आप जब सरपंच बनते है तो आपको पुराना सरपंच या आपके गांव का ग्रामसेवक, पटवारी आदि जो भी उपस्थित हो वह गांव की जनता के सामने आपको ग्राम पंचायत में सरपंच पद का हस्तांतरण करता है, यह वैसे तो सभी जगह ग्रामसेवक द्वारा ही हस्तांतरण किया जाता है, उसके बाद ग्रामसेवक और पटवारी आपको अपने गांव का सब हाल बताते है जिसमे कहा कौनसी सड़क का बजट पास है, किस जगह के लिए आपके पास पैसे आ गए है और कौनसे प्रस्ताव अभी आगे दिए हुए है आदि जानकारी सरपंच को दी जाती है, आपको अपनी पंचायत का एक बैंक खाता दिया जाता है और उसका एटीएम और बैंक की पासबुक, चेकबुक आदि दिए जाते है, बैंक के अंदर पड़े सरकारी पैसे को आप किसी वार्डपंच

या जनता के प्रस्ताव द्वारा और अपनी पंचायत के विकास के अनुरूप खर्च कर सकते है,

अब यहा सरपंच कैसे पैसे कमाता है?

सरपंच यह काम आसानी से कर सकता है कुछ सावधानियां रखकर, सबसे पहले बात करते है रोड़ बनाने में कैसे पैसा कमाते है? सरपंच किसी रोड़ को बनाने के लिए अपने आस पास में रोड़ बनाने वाले ठेकेदारों को खोजता है और सबसे कम कीमत में काम करने वाला और जो ठेकेदार सरपंच के कहे अनुसार काम करें ऐसा ठेकेदार चुन लेता है और उनसे रोड़ बनाने का काम करवाने के बाद जितने पैसे का उस रोड़ का बजट सरकार से पास होता है उतने का बिल बना दिया जाता है, इसमें ठेकेदार से फर्जी मजदूर दिखाकर या ज्यादा मजदूरी और पूरा ठेका अधिक राशि में दिखाकर पैसे ठेकेदार और सरपंच की जेब में चला जाता है,

रोड़ बनाने में जो बजरी (मिट्टी),बारीक क्रेशर पत्थर एमएम के अनुसार (गट्टी), पानी का टैंकर और सीमेंट आदि लगता है, सरपंच इन सभी के मालिकों, ठेकेदारों से मिलता है और कम से कम कीमत में इनका सौदा तय किया जाता है और इन सभी में जो बिल बनेगा वह तय कीमत से अधिक का बनता है, यह अधिक राशि सरपंच अपनी जेब में रख लेता है, ऐसे सभी का व्यवसाय चलता रहता है और उन्हें भी पैसा मिलता रहता है और सरपंच भी मजे से पैसे कमाता है,

आपको बता दू की सरपंच सभी बिल संभाल कर रखता है और जब कोई ऊपर के अधिकारियों का ऑडिट और एसडीएम, कलेक्टर आदि आते है तो उनको बिल के अनुसार हिसाब किताब दिखाया जाता है, यहां अगर आपके बिल और बैंक की राशि में हिसाब किताब गलत निकलता है तो आपको जेल हो सकती है और सरपंच पद से हटाया भी जा सकता हैं, यह ऑडिट आपका कोई विपक्षी, गांव का आम नागरिक आरटीआई द्वारा करवा सकता है, इसलिए ग्रामसेवक, पटवारी और उसके ऊपर तक बड़े अधिकारी पैसे खाने के लिए मिले होते है सरपंच से और लेखा जोखा ऊपर तक बराबर रखा जाता है,

कुछ सरपंच पटवारी से जनता द्वारा ज़मीन की नकल निकलवाने, ज़मीन की रजिस्ट्री, हस्तांतरण आदि करने में एक कमीशन बना लेते है

जो पटवारी जनता से लेता है और उसमे से कुछ हिस्सा सरपंच को दे देता है, यह सरपंच के ऊपर निर्भर करता है कमीशन लेना है या नही लेना, गांव के ग्रामसेवक भी ऐसे ही जनता से कुछ काम के बदले पैसा लेता है और उसमे से कुछ हिस्सा सरपंच को दे देता हैं, आज के समय में ई मित्र, किओसक, ई सुविधा केन्द्र खुले होते है गावों में जो गांव के निवासियों के लिए जाति प्रमाण पत्र, मूल निवास प्रमाण पत्र,बैंक, पेंशन आदि पंचायत संबंधी काम भी करते है सरपंच की अनुमति से, इनको सरपंच द्वारा या ग्रामसेवक द्वारा छूट दी जाती है पंचायत के कार्यों को करने की, सरपंच और ग्रामसेवक उसका एक कमीशन हिस्सा लेते रहते है,

सरपंच मनरेगा योजना (नरेगा) में फर्जी मदजूर दिखाकर मनरेगा सुपरवाइजर (मेट) द्वारा कुछ मजदूरों के नाम पर पैसे उठाते है जिसमे सब तरफ सरपंच की जान पहचान वाले खास सुपरवाइजर होते है जो ऐसे फर्जी मजदूर की उपस्थिति दर्शाते है और पैसे को सुपरवाइजर, सरपंच और मनरेगा योजना से जुड़े कुछ अधिकारी मिलकर खा जाते है, आप यकीन नही करोगे यह राशि लाखों में होती है, इसके माध्यम से ही सरपंच जल्दी ही करोड़पति बनता है, लेकिन इसमें भी जोखिम रहती है, यह सब सरपंच अपने ऊपर नही लेकर मनरेगा सुपरवाइजर के ऊपर रखकर चलता है, इसमें सुपरवाइजर को मनरेगा चैकिंग के दौरान जवाब देना और उस प्रस्थिति को संभालना आना चाहिए, वैसे गांव में इतना चैकिंग नही होता है, क्युकी चैकिंग के शहर से गांव पहुंचने तक खबर मिल जाती है और सरपंच, सुपरवाइजर पहले से योजना बना लेते है,

सरपंच का पैसे कमाने में एक और तरीका है की वह अपने क्षेत्र और गांव के विकास के नाम पर अपने विधानसभा विधायक और अपने सांसद से पैसा लाना, ऐसा करने से सरपंच गांव में अधिक अधिक विकास करवा सकता है और काम के साथ साथ अपना हिस्सा निकालता जाता है, जितना काम सरपंच करेगा उसको उतना पैसा खाने को मिलता है, सावधानी रखना बहोत जरूरी है सरपंच पद पर, वरना विपक्षी और ऑडिट अधिकारी आपको जेल की हवा खिला सकते है, पंचायत के बाहर से आए पैसे में ज्यादा पैसा सरपंच खा सकता है,

क्युकी उसका लेखा जोखा इतना साफ रखना ज़रूरी नही है, लेकिन आप अपनी सुरक्षा के अनुसार सभी कार्य बिल के अनुसार ही करे,

सरपंच अपने गांव में प्रतिनिधि, विधानसभा और लोकसभा जैसे अनेक चुनावों में उतरने वाली पार्टियों के उम्मीदवारों से पैसा लेकर उनको अपने गांव के वोट दिलाने का वादा कर लाखों में पैसे लेते है, ऐसे ही चुनाव में कहीं भीड़ इकठी करनी होती है तो विधायको द्वारा सरपंच को बस, गाड़ी, खाने आदि के पैसे दिए जाते हैं भीड़ में लोगों को लाने के, जितनी ज्यादा भीड़ और गांव वाले जाते है सरपंच उसके अनुसार पैसा लेता है विधायक और सांसद लोगों से, ऐसे कितने राजनीतिक फायदे है जिनसे सरपंच फायदा ले सकता है,

सरपंच गांव में किसी दो पक्षों के बीच जगड़ा होने, या अन्य कोई सामाजिक घटना होने पर उनका फैसला करता है गांव के पंच लोगों के साथ मिलकर, और एक जुर्माना राशि किसी पक्ष को चुकानी होती है जो सभी के सामने सरपंच और गांव के वार्ड पंचों को दी जाती है, उस राशि में से कुछ हिस्सा सरपंच और पंच रख लेते है और बाकी राशि दूसरे पक्ष या अन्य काम में लगा दी जाती है, यदि गांव का व्यक्ति सरपंच और पंचों से फेसला नही करवाना चाहता और वह पुलिस प्रशासन के पास जाकर एफआईआर से हल निकालना चाहता है तो सरपंच उसमे भी पुलिस वालों की पहचान और राजनेतिक दबाव से अपना कमीशन बनाकर ले लेता है, सरपंच उस व्यक्ति की कमजोरी आदि जानकारी पुलिस वालो को देकर उनके ऊपर राजनीतिक दबाव से फैसला अपने हक में ले लेता है, इसमें सरपंच की विधायक, सांसद आदि से अच्छी पहचान होनी जरूरी है,

सामान्य भाषा में कहें तो सरपंच सभी सरकारी कार्यों में फर्जी बिल द्वारा अधिक आय करता है, इसमें सरपंच की पहचान, हिम्मत, और बोलने में दबंग होना जरूरी है, अगर कोई एकदम सरल स्वभाव वाला व्यक्ति सरपंच बनता है तो उसको ऐसे पैसे खाने में दिक्कत होती है और वह सिर्फ कुछ हद तक पैसा कमाता है, नए सरपंच व्यक्ति वैसे तो समय के अनुसार चलना सीख जाते है लेकिन उतना नही जितना कोई पुराना सरपंच का अनुभव हो, इसलिए सबसे महवपूर्ण है दबंग व्यक्तित्व और

बोलने के तौर तरीके में आप सबसे अधिक ध्यान दे,
कुछ महत्वपूर्ण बिंदु सरपंच पद के लिए –

- सरपंच मुखिया को केंद्र सरकार और राज्य सरकार की हर योजना, बजट, किसी नियम में बदलाव, लोन सुविधा, कृषि योजना और सुधार जैसी महत्वपूर्ण जानकारी रखनी चाहिए और जनता को बताते रहना चाहिए, जिससे आप लंबे समय तक सरपंच पद पर बने रह सकते है, क्युकी जनता का विस्वास जितना और उनका काम समय पर करना आदि सभी सरकारी सुविधा को जनता तक जल्दी पहुंचाने से जनता आपके प्रति खुश रहेगी ओर आपको पुनः सरपंच चुनना चाहेंगी,

- सरपंच को गांव में हर साल में कुछ जनता सभाएं रखनी चाहिए जिससे जनता की समस्याएं पता चले और आप पर विस्वास बढ़े, आप जनता को सभी जरूरतों को पूरा करे या नही करे लेकिन उनको जूठी हां कहकर या बाद में करने का कहकर उनका दिल जीत सकते है और जनता के दिल में बने रह सकते है,

- सरपंच को इंटरनेट और डिजिटल दुनिया में अच्छी पकड़ बनानी चाहिए, क्युकी आने वाला समय पूरा इंटरनेट और डिजिटल दुनिया से जुड़ रहा है, सभी योजनाओं की जानकारी आप इंटरनेट पर ले सकते है, पहले जैसे केवल ग्रामसेवक, पटवारी आदि से जानकारी लेना अब कम हो रहा है, उनके पास सभी सरकारी योजना और बजट की जानकारी हो ऐसा कह नही सकते इसलिए आप खुद इंटरनेट से जानकारियां लेते रहे,

- जनता के साथ आम इंसान या ज्यादा हसी मजाक वाले व्यक्तित्व में नही रहे, सरपंच में थोड़ा ईगो और अलग व्यक्तित्व भी दिखना चाहिए जिससे हर कोई आम व्यक्ति मिलने का सोचे और आपको देखकर सिर जुकाए या आपके साथ सेल्फी फ़ोटो लेना आदि नए जेनरेशन के अनुसार करे, ऐसे आपका अलग रूप भी होना चाहिए और नरम रुख भी होना चाहिए, ऐसा इसलिए क्योंकि ऐसा करने से अगले आने वाले चुनावों में कोई आम आदमी आपका मुकाबला

नही कर पाए या वह आपके व्यक्तित्व, अलग रहन सहन, बोलने के तरीके आदि से आपसे नीचे दिखे और आप सबसे अलग दिखे जनता में,

• जनता में कुछ अपना डर भी रखना चाहिए जैसे पुलिस वालो और बड़े अधिकारी लोगों से कानूनी पकड़, बड़े राजनेताओं से जान पहचान आदि का जनता को एहसास कराना चाहिए, जिससे वह आपके साथ जुड़ी रहे और आपसे मदद की उम्मीद बनी रहे, कानून और पद का गांव की जनता पर अधिक गलत इस्तेमाल करना आपको भारी पड़ सकता है, इसलिए इसको संतुलित बनाए रखे,

• चुनाव समय में जो कार्यकर्ता आपका खुलकर साथ देते है उनको कुछ आर्थिक या राजनीतिक लाभ जरूर दे, जैसे किसी सरकारी योजना का लाभ, मनरेगा में सुपरवाइजर से अतिरिक्त आय, मुसीबत में कानूनी मदद आदि, यह बहुत जरूरी है नही तो आपको अगली बार सरपंच चुनाव में उनका साथ नही मिलेगा, जितना हो और नए कार्यकर्ताओं को जोड़ें जो आपके लिए जनता में खुला प्रचार करे, इसमें दोनों तरफ की बोलने वाले कार्यकर्ताओं को एक तरफ करे जो आपकी और किसी अन्य सरपंच उम्मीदवार की बाते करता हो, ऐसे लोग आपके वोट बैंक बिगाड़ सकते है,

• गांव की जनता द्वारा अगर उनके अपने किसी शादी या प्रोग्राम आदि में आपको बुलाया जाता है तो जरूर जाए, इससे आपको वोट बैंक जुड़ने में मदद मिलेगी और सामने वाले के पूरे परिवार वालो को खुशी होगी, उस परिवार के सभी वोट आपके लिए होंगे अगले चुनाव में, अगर आप नही भी जाए तो उसके परिवार में फ़ोन कर बता दे की जरूरी काम से कही जाना है इसलिए नही आ सकता, अगली बार आऊंगा कोई प्रोग्राम होगा तो, ऐसा करने से वह व्यक्ति और उसका परिवार आपके लिए अच्छी भावना रखेगा और वोट बैंक बना रहेगा,

• यदि आपके गांव में किसी व्यक्ति के घर कोई मृत्यु और दुर्घटना आदि होती है तो उनके घर जरूर जाए जिससे उनको और उनके परिवार वालों को संतोष मिलता हैं और समाज में आपके लिए अच्छा संदेश जाता है,

- सबसे आखिरी में यही राय हैं की आप अपने सरपंच पद को सच्च और ईमानदारी से निभाए और गांव की जनता का ध्यान रखते हुए गांव का विकास करे।

नोट:
इस किताब का किसी से कुछ संबंध नही है और यह केवल पढने मात्र है.

धन्यवाद